中國民主化運動的旗手

劉暁波の靈言

大川隆法 著

通往自由的革命之火永不熄滅

The standard-bearer of
China's democratization
movement

媒體從未報導過中國的實情——
人權的壓制，資訊與言論的管控，
肅清一切的聲音，一個毫無自由的獨裁

為自由而革命，烈焰永不熄滅。

通往自由的革命之火
永不熄滅

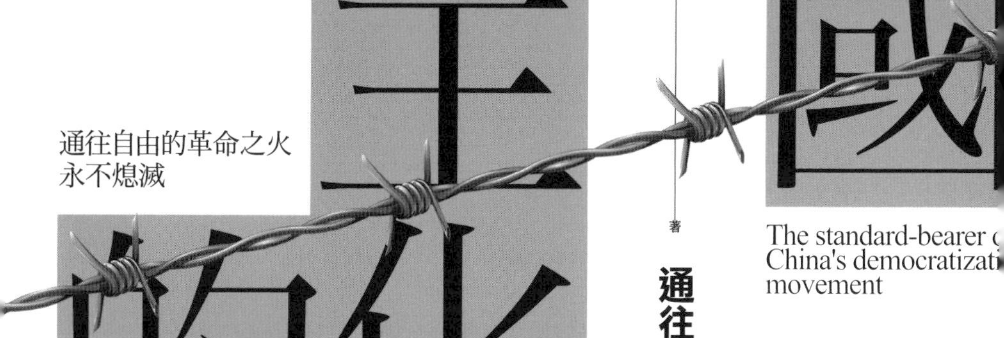

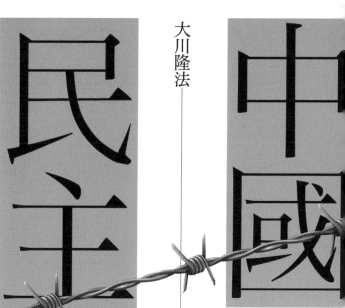

目錄

前言

國民當中出了一位獲頒諾貝爾和平獎的人士，不僅不為此感到驕傲，還將其冠上「煽動顛覆國家政權罪」之罪名關入大牢，甚至管制媒體、封鎖消息；這就是現今中國政府的一貫作風。

有次網路上流傳中國國家主席習近平長得很像小熊維尼的說法和評論，不久後網路上的「小熊維尼」的字眼、圖片就完全消失。想必這三十萬「網路警察」大軍，每天一定都是瞪大著眼睛檢視搜索。

而這個將政敵以肅清方式除去的共產主義極權國家當中，這

「死人不會說話」的惡魔教義，想必是放在憲法的第一條。

我認為，神不會允許如此獨裁主義國家的繁榮。我想要保護亞洲、大洋洲、非洲、歐洲人們的未來。而日本若不以信仰為盾，就無以為力防衛祖國。現在就是捍衛自由的時刻！

二〇一七年七月二十三日

幸福科學集團創立者兼總裁

大川隆法

靈言現象

「靈言現象」是指另一個世界的靈魂存在，降下言語的現象。這是發生在高度開悟者身上的特有現象，並有別於「靈媒現象」（即人陷入恍惚狀態、失去了意識，靈魂單方面說話的現象）。當降下外國人靈魂的靈言時，發起靈言現象之人亦可以從語言中樞選擇需要的語言，因而可用日語來講述。

然而，「靈言」終究只是靈人本身的意見，其內容有時會與幸福科學集團的見解相矛盾，特此注記。

中國民主化運動的旗手：劉曉波の靈言
　　——為了自由而革命，革命之火永不熄滅

中國民主運動的旗手：
劉曉波の靈言

二〇一七年七月二十一日

於東京幸福科學特別說法堂收錄

劉曉波（一九五五～二〇一七）

中國的人權活動家、作家。中國吉林省人。在北京師範大學取得文學碩士、博士學位。以哥倫比亞大學客座研究員身份訪美期間，一九八九年北京爆發民主運動，劉即回國參加。同年六月在天安門事件中參加絕食抗議，以反革命宣傳煽動罪被捕入獄。二〇〇八年起草並發表了批判共產黨一黨專制的「零八憲章」，二〇一〇年被扣以煽動顛覆國家政權罪，判處有期徒刑十一年，同年在獄中獲得諾貝爾和平獎。

提問者

酒井太守（幸福科學宗務本部擔當理事長特別輔佐）

大川直樹（幸福科學上級理事 兼 宗務本部第二秘書局擔當）

磯野將之（幸福科學理事 兼 宗務本部海外傳道推進室長 兼 第一秘書局擔當局長）

（按提問順序排列，職務是收錄靈言之時的職位）

第一節

始於天安門的自由革命

1

Chapter 1

「文化大革命」中遭受諸多壓制的中國

大川隆法：

今天（二〇一七年七月二十一日）我想嘗試收錄前幾天，也就是七月十三日過世的劉曉波先生的靈言。劉曉波先生是中國的民主活動家，同時也是一位諾貝爾和平獎獲獎者。

最近日本報紙上零零散散地刊載了關於他的一些報導，我雖然對他的事蹟感到關心，但由於資訊太少，我對於詳情不甚了解。

劉先生與我是同一世代人，比我大一歲。據聞他從中國的大學和研究所畢業後，曾有一段時間的留美經歷。一九八九年從留學地美國回國，在「天安門事件」爆發之前就加入了民主運動。

他在一九八九年五月開始進入天安門廣場，是運動中知識份子的中堅力量。他在廣場上參加絕食抗議，因六月四日的「天安門事件」被捕，以反革命宣傳煽動罪的罪名遭到起訴。之後入獄，被褫奪公職。

一九八九年，這也是幸福科學開始活動的第三個年頭，可以說劉先生和幸福科學在相同時間中，於不同的地方，平行地進行著活動。那時候，在座各位當中有些還沒出生，有些尚屬年幼。

「天安門事件」實在是件令人感到不可思議的事件。

在那之前，中國還發生了「文化大革命」，那是一場失敗的革命。

一九四九年，毛澤東建立了中華人民共和國，革命獲得成功。之後他推行軍事優先的「先軍政治」，並對農民的農業生產的進行指導。然而，經濟上的失敗，中國各地陸續出現食不果腹的現象。

後來的毛澤東經歷過一段虎落平陽被犬欺的日子，但之後他憑藉「文化大革命」成功逆襲，重新奪回政權。

之後，以毛澤東的妻子之一、演員出身的江青為中心的「四人幫」，繼續推行以毛澤東思想為基礎的「文化大革命」。

若以日本來做比喻，這個運動類似於文化、文政時代的

中國北京市天安門。毛澤東曾於城樓上宣告建國宣言，城樓上的國徽亦被視為中國人民共和國的象徵。1989年，天安門前的大廣場上，聚集了以學生為主的抗議民眾，要求共產黨推動民主化，對此中國政府以武力鎮壓，其鎮壓規模從天安門廣場擴及至長安街。

江　改革，那些被認為會使人們墮落的歌舞伎等事物，皆遭到了肅清。

在這場「文化大革命」中，京劇等各種藝術遭到打壓，文化界人士和知識份子也受到了沉重打壓。

我曾親耳聽過一位中國女性的描述。這位女性的父母和親戚們在「文化大革命」中被殺，她自己則是流亡至日本，從事中醫針灸方面的工作。她曾說到：「那是一個太悲慘的時代了，親戚朋友相繼被捕入獄、被殺。所有人都遭受過親戚朋友被捕或被殺的經歷。」

然而，這個「四人幫」最終也難逃被驅逐、被肅清的命運。

「天安門事件」暴露了中國的體制依然如故

大川隆法：

之後，人稱「不倒翁」的鄧小平掌握了政權。

他身高比較矮小，曾經留學法國，對經濟比較敏銳。他在經濟方面致力於引入資本主義，但政治上卻保留了共產主義。為了不重蹈蘇聯的覆轍，他利用共產主義進行政治統治，只在經濟領域引入資本主義，或者說自由主義體系中某些有利的部分。

中國就是以如此方式開始了經濟改革。然而，一九八九年爆發了「天安門事件」。

該事件之前，天安門廣場上也曾發生過民主示威遊行活動。海外媒體曾來此做過報導，那些事件成為了「中國能否實現民主」的試金石。

一九八九年正好也是「柏林圍牆」倒塌的一年，我在演講中曾提到過這次事件[1]，所以記得非常清楚。

當時，「柏林圍牆」把德國分成了東德和西德兩邊。東德自然處於蘇聯統治之下，而西德則是在自由主義圈中。

1 1989年11月12日法話「何謂無限之愛」。參照《何謂無限之愛》（幸福科學出版發行）

我從電視轉播中看到，柏林市民揮鎬破牆，翻牆越境。雖然各處的檢問站配置了大量警力，但終究抵擋不住廣大人潮，那堵牆也應聲而倒。兩年之後，我也曾親自前往了此處。

一九八九年就是這樣一個年份。

在這一年，中國民主運動興起，正當大家都對「這場運動將如何演變」拭目以待時，中國就展現了與以往相同的舊體制作為，悍然命令坦克出動，碾壓、射殺了參加民主運動的人們，血洗了天安門廣場。

而後，迅速將屍體收拾得乾乾淨淨。因此，「天安門事件」中究竟有多少人被殺害，他們姓什麼名什麼，至今都不得而知。也正因如此，他們的家人也無法為他們舉辦喪禮。

這次事件暴露出中國的本質。「天安門事件」雖然眾所周知，但至於具體細節，國外媒體也難探究竟。這件事情充分說明「中國的本質根本沒有改變」。

因批判政府被捕入獄，服刑期間榮獲諾貝爾獎的劉曉波

大川隆法：

劉曉波先生作為一介文人成為民主運動的中心人物，因此在天安門事件中以反革命宣傳煽動罪遭到起訴，被捕入獄，但於一九九一年獲釋。

一九九一年是我們幸福科學獲得宗教法人資格，並且首次於東京巨蛋舉行講演的一年。

那一年，被暫時釋放的劉先生背負著「叛徒」的罵名轉入地下。之後，他秘密地完成了自己的回憶錄《末日倖存者的獨白》並

將其發表。

然而，一九九五年五月，由於身上的嫌疑未能洗清，他又一次遭到拘禁，之後在一九九六年一月獲釋。

說到一九九六年，本會從這一年開始著手興建總本山。

同年，劉先生發表了批判政府的公開信，於十月份被強制送往勞教所進行勞動改造。

之後的二〇〇八年十二月，他在網路上發表要求中國共產黨改變一黨獨裁及要求言論和宗教自由的《零八憲章》，並附上了三百零三人中國學者的聯合署名。在發表前夕，他又一次遭到人身拘禁。

二〇〇九年十二月，他以煽動顛覆國家政權罪再遭起訴，二〇一〇年被判處「有期徒刑十一年」、「褫奪政治權利二年」，之後入獄服刑。

二〇一〇年十二月，他的「在中國為爭取基本人權，長年堅持非暴力抗爭」的功績備受稱讚，獲得了諾貝爾和平獎章。然而，當時他本人正在服刑，無法出獄，因此這個獎項最終以「人在獄中領獎」的形式進行。

這是中國反體制派繼達賴喇嘛之後，再次獲得該獎項。但由於獲獎時他在中國國內獄中服刑，所以頒獎儀式是在他本人缺席的情況下舉行的。

二〇一七年六月，肝癌晚期的劉先生假釋出獄治療，但最終於七月十三日因肝癌不治身故。

他身故之前，西歐國家曾希望「將他帶到國外治療」，但中方未予准許。

在他死後，中國唯恐人們為他舉行盛大的葬禮，可能會再次引發反革命運動，於是以迅雷不及掩耳之勢，將他的遺體火化，並將骨灰撒入大海。

簡而言之就是「既不允許風光大葬，也不允許為其建墓」。應該是中國政府不希望有人祭拜他，也不希望他被奉為英雄吧！但這種做法飽受批判。

「頭七」這個詞在日本經常聽到，而在中國，頭七同樣存在。

據說為了防止他的「頭七」出現眾人雲集的情況，頭七的儀式進行得非常隱蔽，相關資訊也是從各處零零落落地散佈出來。

據聞，劉先生曾寫過《從六四到零八：劉曉波的人權路》、《我沒有敵人：劉曉波文集》等書。他就是這樣一個人，與我同一時代的人。

第二節

沒有自由的中國之可怕

Chapter2

名為「法治國家」，實則「人治國家」的中國

大川隆法：

今天早上我還在想，劉先生的靈言恐怕只能用中文或英文進行了，為此還事先做了一番調查。大川紫央女士（總裁助理）努力嘗

試用中文及英文與其對話，但結果發現劉先生可以使用日文。這樣的話，我們也會方便很多。

讓讀日文的人們能充分理解，這十分重要。並且，如能譯成英文，那麼既方便英語圈的人們讀懂，同時也有利於部分中國人閱讀。而如果還能翻譯為中文，那就更加容易理解了。

對於當下的中國政府來說，劉先生是「不共戴天的仇人」，也是讓中國感到恥辱，或者是丟人現眼的地方被拚命攻擊，而讓政府憎惡至極的「害群之馬」。然而，在西方世界眼中，他是一位雖然身陷囹圄，卻無愧於諾貝爾和平獎的人物。

此外，最近習近平前往香港，在勸誡香港的反革命運動時也說過「我們認同一國兩制，但不允許反對勢力的存在」，這說明了中國的大方向與以往並無二致。

我十分想要得知其中的實情，但卻苦於無法獲得來自中國的消息，因此不甚明瞭其內情。

並且，西方和日本的報導在中國國內也被封鎖（電視畫面突然變黑）。**NHK**的國際報導中對中國不利的消息被立即封殺，劉先生獲得諾貝爾獎的報導也消失無蹤。

中國甚至在國內設置了「孔子和平獎」，試圖與諾貝爾獎抗衡。

總而言之，中國確實有「反革命罪」和「煽動顛覆國家政權罪」。日本刑法中同樣存在「顛覆國家罪」之類的罪名（日本刑法

第七十七條「內亂罪」）。

可以從這個角度設想一下，中國人究竟在多大程度上認為自己的國家是個法治國家？他們是否真的相信，我們不得而知。

也就是說，他們根據自己制定的法律條款來判斷這個人是否有罪，審判後或關進監獄，或強制送入勞教所，或將其處決。

只不過，他們有必要知道，自己心目中的「法治國家」和西方民主主義國家的「法治國家」之間，在性質上還存在著一定差異。

附帶一提，習近平似乎對諸子百家之一的法家思想的韓非子[2]和商鞅[3]，特別感興趣。

在孔子等人活躍的時代，眾多思想家輩出，他們被稱為「諸子百家」。其中著有《韓非子》這本書的韓非和推行變法政策的商鞅屬於法家。

但是，商鞅正是被自己制定的刑法抓捕，最終被殺的。

這也是常有的故事，只要制定出法律，就可以簡單地把對自己不利的人處理掉。

因此，中國雖然名義上是法治國家，但實質仍是「人治國

2 韓非（BC280～BC233） 中國戰國時期法家代表思想家。做為韓之使者赴秦，但受同窗李斯之讒言而被關於獄中，後於獄中自殺。主要著作為《韓非子》。

3 商鞅（BC390～BC338） 中國戰國時期法家思想家。因「變法」而改革了國政，打下了秦始皇統一天下的基礎。

家」。把持時政的人只要制定出有利於自己的法律制度，就可以將反對者一網打盡，讓他們從此閉嘴。

日本自民黨政權中也存在著類似的情況。所謂「同謀罪」（共同策劃恐怖攻擊罪行）的法律，就可以讓人感覺到「欲加之罪，何患無辭」的畏懼。

共產主義國家當中所興起的「肅清風暴」

大川隆法：

　　總之，將反國家勢力定為一種罪行也不是不能理解，但像中國這種憑藉革命而建立的國家，將反國家行為定為一種罪行，說奇怪的話那也真的很奇怪。如果反國家的革命可以被設定為罪行，那麼「共產黨革命」就不可能成為一個正當的運動。

　　此外，毛澤東自己也說過「槍桿子裡面出政權」。這是他的一句名言，用的不是和平的手段。他其實是在表達「革命不是靠言論或議論，而是在槍口中誕生的」、「藉由暴力興起革命」。

因此，這裡就存在著一個思維模式，「只要目的正確，可以不擇手段」。

從這層意義上來說，如此論調中的內容，與馬基維利主義[4]頗為相似，該思想在馬克思主義中也隨處可見。

例如馬克思曾經說過「為了實現最終目的—共產主義的烏托邦世界，過程中的暴力不可避免。暴力手段是可行的」。

其結果，即導致共產主義國家當中暴力革命和血腥肅清此起彼伏，這下問題就嚴重了。

4 馬基維利主義　義大利政治思想家馬基維利於《君主論》當中的所論述的政治思想。其思想即為「就結果來說，若能增進國家的利益，不論手段的權謀術數政治亦能被允許」。

回顧民主主義起源之一的法國大革命就可以看出，不僅王政一方，就連革命家也有可能被推上斷頭台。這當中的問題非常複雜。「敵對者格殺勿論」，這份心情倒不是不能理解，但是放在民主主義革命中，這其實是個非常嚴重的問題。

說到底，「擋我者死」的想法很危險。如果將這種思維作為基本理念，那麼即使看起來是民主主義，人民聚集一堂互相議論後，透過選舉選出國家主席，但其中仍會發生權利鬥爭、肅清風暴。

所以希望各位能明白，一個沒有「言論自由」、「表達自由」、「出版自由」、「信教自由」和「思想、信條自由」的國家，是很可怕的。

現今，無自由的國度與西方之間正掀起一場「言論戰、思想戰」

大川隆法：

中國的問題和幸福科學的活動幾乎在同一時間發生。如果一九八九年天安門事件中沒有發展到坦克出動碾殺人民的地步，那麼中國就有可能加入西方陣營的吧！如果不是「恰逢」大肅清、如果沒有打壓言論，那麼中國很可能迎來與蘇聯同樣的命運，最終分崩離析。所以我認為，那個時期實為中國的一個分岔口。

總而言之，中國的經濟發展非常快速，然而中國國內卻依然持續著對資訊的嚴格管控。

例如，劉曉波先生事件被媒體報導時，網路上出現著將習近平比喻成風靡美國的「小熊維尼」的諷刺漫畫。然而，那些漫畫在瞬間就被刪得一乾二淨，這讓我驚訝不已：「哇，這國家太厲害了。」

此外，韓國在朴槿惠總統時期，日本產經新聞報社的韓國分社長曾以「侮辱總統罪[5]」的罪名遭到逮捕，這事件也很有名，同樣讓我十分震驚。

就像這樣，網路上的資訊或國外電視播報的某些內容，在某些

5 侮辱總統罪 2014年10月，首爾中央地檢，以「關於利用促進情報通訊網及情報保護之法律」第70條第2項之名譽毀損罪，書面起訴了產經新聞前首爾支局長。

國家當中可能會被完全封鎖。

之前我也提過，我去香港巡錫說法時，晚上電視正在播放幸福科學所製作的動畫電影《永遠之法》[6]。當靈界的場景出現時，畫面馬上就變得一片漆黑，什麼也看不到。「居然會做到這種程度」，對此我感到非常恐怖。

在香港，電視在播放幸福科學的動畫時，畫面突然一片黑暗。我想那是因為「從馬克思、列寧主義的『宗教就是鴉片』的唯物論思想的角度來看，靈界是一個謬誤」，所以《永遠之法》當中靈界的片段不允許播放。

6 製作總監大川隆法，2006年上映。

但就算將這些片段刪個精光，現實當中人們既不會提出抗議，也無法發動動亂。對此，我認為各位還是有所認識比較好。

即便如此，今天的中國仍在成長，來自中國的人們仍在日本「爆買」，促進觀光業的發展。此外，百貨商店等也有使用中文廣播，或聘用能講中文的店員，銀座和新宿等地都在想賺中國人的錢。

因此有些人就可能產生了誤解，以為「中國已經融入自由主義的圈子了」。但是對於其中的本質，還遠不能妄下論斷。事實上「北韓問題」也與中國本身密切相關。

現今的「言論戰、思想戰」，日本和美國組成的「日美同盟」，在新勢力的壓制下是否會萎縮成眾多國際勢力中的一員，變成世界諸權力中的一份子呢？還是「中國、北韓」方面能否學習西方改革，大家站在平等的高度進行對話？亦或是延續「政治上各執己見，但求經濟利益」的現狀？

我認為，這將成為區分未來局勢的分水嶺。

招喚革命的旗手劉曉波之靈，傾聽他「復活」的話語

大川隆法：

我們不知道劉曉波先生將以什麼樣的方式講述，對於中國國內的狀況也不是很清楚，對此我想要聽聽他的話語。

至於他為什麼能講日語，或許我們在靈言當中能找到答案。一般來說，回到天國的光明天使，有很多都能講日語。除此之外，雖

然不知道為什麼，但根據過去的經驗，一旦變成國際性的惡魔，也可以說日語。

這當中原因雖然我不甚明瞭，或許是因為他們的念力很強？普通的天上界的靈或地獄靈，如果是外國人，他們幾乎都不懂日語。但如果是抱持著「想要傳道」之心的話，無論是身處天堂或是地獄，或許他們能使用念力，將自身心情傳遞出去。

對中國政府來說，劉曉波先生應該是相當於「惡魔」的存在，然而在西方看來，他卻是一位「革命的旗手」。今天是劉先生過世第八天，頭七已過，當然，在唯物論的國家，根本不會允許這種人「復活」之類的情況出現。但我認為，正因如此，他的「復活」才有意義。

在這裡，如果他對中國政府有什麼想說的話，或者對中國人民有什麼留言，希望他能暢所欲言。我想他生前應該很想說些什麼。

然而，過去他的話語不會被報導，他自己也無法出國，我想那是因為他的說話內容，一定會和「如何看待民主運動」或「今後的國際局勢當中正義何在」有所相關所致。

現在的中國日益發展壯大，軍備不斷擴充，其觸角從亞洲圈逐漸伸向阿拉伯半島乃至歐洲。中國正致力於摒退美國霸權，構建中國霸權。

究竟這只是互相對立的關係，所引發的單純的國力變化？還是從「地球的正義」角度看，確實存在一定的問題呢？對此我希望能進一步瞭解，今天或許會能得到一些有用的資訊。

那我們就開始吧！

（合掌，閉目）

不久前剛在中國過世的諾貝爾和平獎獲獎者劉曉波先生之靈啊！

請您降臨幸福科學，闡述您的內心想法。

諾貝爾和平獎獲獎者劉曉波先生啊！

請您降臨幸福科學，闡述您的內心想法。若是您對中國或者中國人民，抑或是其他國家、日本有什麼想提出的意見，希望您能儘管地講出來。

盼望您能降臨於此處。

（約十五秒的沉默）

劉曉波（1955～2017）

曾擔任北京師範大學講師。1988年做為訪問學者赴挪威奧斯陸大學、美國夏威夷大學、美國哥倫比亞大學。1989年因北京爆發民主化運動而歸國。於天安門事件中，當得知人民解放軍進入了廣場，便與軍方交涉，將說服學生撤離，避免了更大的流血。在那之後，他持續訴求民主化，於北京舉辦奧林匹克運動會的2008年，劉曉波發表了《零八憲章》，內容包括要求憲法改正、三權分立、言論自由等。這已觸犯「煽動顛覆國家政權罪」，因而被判刑11年。

另一方面，劉曉波的民主運動的功績受到國際社會中的稱讚，2010年獲頒諾貝爾和平獎。然而，報導確定獲獎的CNN以及NHK的畫面，於中國國內一律遭到封鎖，網路上的相關資訊亦完全被封鎖。 2017年7月13日，於獄中過世。

2009年 12 月受審時，劉曉波向法庭遞交的陳情書以「我沒有敵人－我的最後陳述」為題，講述了對於祖國中國民主化的熱切心念。以下為內容節錄。「我希望自己能夠超越個人的遭遇來看待國家的發展和社會的變化，以最大的善意來對待政權的敵意，以愛化解恨。」

第三節

復活的劉曉波——對自由的滿腔熱忱

Chapter3

3

「占世界人口五分之一的中國，其實是沒有人權的國度」

劉曉波：（身體左右搖晃，右手托腮）嗯，嗯。

酒井：您是劉曉波先生嗎？

劉曉波：嗯？嗯。

酒井：是劉曉波先生嗎？

劉曉波：啊！

酒井：感謝您今天的降臨。

劉曉波：嗯。

酒井：聽說您可以講日語。

劉曉波：嗯，我可以。

酒井：方才大川隆法總裁曾說到，一九八九年是「柏林圍牆倒塌」的一年，而這一年也發生了「天安門事件」。「中國能否由此走向民主」，那其實是歷史上一個重大的轉捩點。我認為，劉曉波先生是這個轉捩點中的一位關鍵人物。此外，從這層意義上來說，我認為您也是打開當下混沌世界情勢的關鍵人物之一。

劉曉波：嗯，嗯。

酒井：您現在已經離世，在二〇一七年的現在（七月）即將迎來中國共產黨的全國代表大會，同時也是第二屆習近平政權開始的前夕。

劉曉波：嗯，嗯。

酒井：雖然現在您已離開世間，但我們首先還是希望能聽到您有什麼想要說的。

劉曉波：

嗯。中國人口高達十三億以上，占世界人口的五分之一，但是中國共產黨對國民的鎮壓竟到了這種地步，事實上根本就沒有人權。對於這種局面……特別是這種「無政治自由」、「無言論自由」、「無思想自由」和「無信教自由」的局面……

雖然形式上看起來還是好像有著自由，但那僅是形式上。雖然允許有各種政黨的存在，但實際上是「一黨獨裁」。各種小黨只在形式上存在，不過是用來騙騙小孩的，其實是完全徹底的一黨專政。也正因如此，中國才會持續不斷地發生激烈的權力鬥爭和肅清運動。

所以我在想，這個國家的國土相當於日本的二十多倍，人口相當於日本的十倍，如果真有神的存在，是不會允許這個國家是這個樣子的。

譬如，剛才提到的東柏林和西柏林，為什麼狀況會差那麼遠？那是因為戰後有所反省，雙方狀況簡直天差地別嘛！柏林圍牆倒塌之後，沒有任何一人因此而不幸。

此外，年輕一代可能不太清楚，那時候東歐還存在著很多共產主義國家，都是原蘇聯的衛星國，這些國家也陸續獲得解放。

「民主主義的目的在於人之本身」是最關鍵的核心

劉曉波：

當然，國家的瓦解對於當權者來說，肯定會感到痛苦。但是，「當權者一人能否為所欲為」和「民眾能否獲得幸福」，這兩者之間孰重孰輕，完全不須進行比較。

當時的中國革命有著錯誤啊！當時人們的目的是「創立共產主義體制」，其結果也沒考慮人民是否能夠幸福，如果只是認為最終能幸福就好，過程如何都無所謂的話，人民就會遭逢無盡的鎮壓和肅清。

對於曾在美國求學的人來說，這其實是最為重要的。關於民主主義，我想林肯也是這麼認為，「人本身才是民主主義的目的」，人可以自我實現、自由地發表政治意見、進行經濟活動、並且不被歧視地向各種事物挑戰，創造如此世界即是目的。

最終的目的是創造一個「自由的社會」。「為了創造自由的社會，而去束縛自由、施加壓力」，如此作法就顯示馬克思的革命思想中存在著錯誤。對於如此錯誤，無論如何我都想改正。

很多中國人在美國留學，但他們進行的幾乎都是經濟活動，學的都是如何賺錢。至於政治，則全都在一黨獨裁的體制下「隨波逐流」，什麼話也不敢說。如果敢冒天下之大不韙，都會落得跟我一樣的下場。所以說這個洗腦是非常厲害的。這就和宗教當中的「獵女巫」一旦開始的話，接下來的情況大致都是一樣的。

劉曉波的「靈言」在日本燃起反擊狼煙的意義

劉曉波：

這個嘛，事情總是要有人來做的。我雖然很想去做，但身陷囹圄，所以無能為力（苦笑）。如同「安政大獄」一般，革命家皆被捕入獄，什麼都做不了。所以說當政者首先會把革命家的「言論」和「活動」的自由奪走。

我原本希望能活得更久，和幸福科學的大川隆法先生一起合作，將中國變成一個自由的民主主義國家，但是很遺憾地……

酒井：也就是說，您是出於這個目的才選擇跟他轉生在同一時代的嗎？

劉曉波：

這個嘛，從那個「人數」來看，我覺得基本上有多少就會死多少吧（苦笑）。我們很多同志在尚未知名之前，就被推上了刑場，除此之外，還有很多人要遭受打壓、關進了監獄。

但是，今天的靈言還是要謝謝你們。雖然我不知道今天的內容能傳遞到中國多少程度，「這個他們不允許舉辦葬禮、不允許頭七祭拜、連骨灰都要灑到海裡的劉曉波，死後居然講述了靈言」，這事簡直相當於「耶穌基督的復活」。中國可是一個公然「視宗教為鴉片」的國家啊！

所以，我在這日本之地點燃反擊的狼煙，這無論從宗教上還是政治上來看，都可以與某種革命運動匹敵吧？我希望我這樣做，能夠多少鼓舞倖存的同志們，同時能儘量拯救後進之人。

第四節

詢問在毫無人權國度裡的「死亡真相」

4

Chapter4

「暴力和權力完全合體的體制無法可擋」

酒井：讓我不解的是，在天安門事件中竟有這麼多人死亡。

劉曉波：是。

酒井：所以，雖然有很多人失去了至親，但是他們選擇維持沉默，實際上參與民主化運動的人們也選擇了緘口不言。這究竟是為什麼呢？遭受了那樣的事情，竟然能什麼都不說。

劉曉波：

嗯，當然那是因為他們無力與軍隊對抗。

中國是政府和部隊合為一體的統治體制，即便發表文章說著「在中國，言論的自由得不到保障、思想信條的自由得不到保障、表達的自由，一下子就會遭受到檢舉，得不到保障」，即便說著「筆鋒勝於劍鋒」，但事實上根本勝不過。就算遠走美國控訴，也會被中國扣上「叛徒」的帽子，不為世人所信任。

在日本，政府未必會動用暴力來對付這些政治評論人吧！不過，多少對其進行暗示、請警察或檢調機構介入，再或者透過稅務部門對批判政府的人實施鉗制，這些則是有可能的。但即便如此，雜誌、報紙、電視都還可以公然批判首相。

所以，中國的當權者應該無法理解「為什麼允許那些事的發生是件好事」，因為對當權者來說，能完全地實現自己的想法才是真理。

譬如，現在要蓋一座橋，但如果大家在建造過程中議論紛紛，那麼這工程就難以進行。然而，如果當權者「決定要蓋橋」的話，這橋馬上就蓋起來。當權者決定「蓋一座大壩」，那無論是三峽大壩還是其他大壩，都能照蓋不誤。如果順應著民主主義的爭論，反對聲浪自然高漲，但「這種的仁慈寬大將拖累發展，導致目標無法實現。國家的目的應予以優先！有國家才有人民！」基本上中國都是這種論調，對中國的權力階層來說，有國家才有人民。

所以，對於日本你們有著各種想法，雖然先前的戰爭不能全部肯定，但若是過去秘密警察接連揪出參與反對運動的人們，看看他們藏匿著什麼書籍，進而加以逮捕，如此時代一直持續下去的話，那就是非常灰暗的時代。更有甚者，如果還出現「在不知不覺中被殺」的情形，那麼這體制簡直就是無人能擋了。

所以，中國現今處於暴力和權力完全合體的狀態。普通民眾有的不過是菜刀、鋤頭、鐵鍬之類的而已（苦笑）。刀的話可能允許持有，但是依靠這些，根本無法與軍隊對抗。

那麼大的一個天安門廣場，國外媒體都可以進駐的一個地方，竟然毫不在乎地出動坦克碾壓人致死，這樣的國家，連我們自己都咋舌不已。之後，想揭露真相的人就送他入大牢，使其閉嘴。因為人們感到害怕，就只能選擇沉默，或者只能巧妙地逃到國外。

為了連任狡詐周旋的國家主席習近平

酒井：您過世的消息實在是太突然了。當中共發表您是肝癌晚期後，您被禁止出國，之後您很快就離世了。二〇一七年這一年恰逢「共產黨全國代表大會之年[7]」。在這一年一定會出現大規模的肅清運動。而事實也是如此，現在重慶市，被視為習近平下一任總書記候選人（孫政才）也遭到「肅清」。

劉曉波：是、是，沒錯。

7共產黨全國代表大會　每五年召開一次的中國共產黨之會議，會中討論並決議重大問題、修改黨章、選出中央委員會的委員等。第19次大會，預計於2017年秋天在北京召開。

酒井：而這一次您的死亡，我們可以認為是「自然死亡」嗎？

劉曉波：

這個啊！該怎麼說呢？因為我被捕了，為我治療的醫院其實是看對方臉色行事的（苦笑）。給我用藥是沒錯，但用的是不是毒藥，這個患者是不會知道的（苦笑）。讓我「病死」的話，不就一了百了了？如果將我執行死刑，一定會招致國外的批判，讓我在醫院死掉就可以免於這些聲音的困擾了。

您說得沒錯，今年是習近平對以往工作做出總結的一年，所以不僅針對我，所有民主活動人士都必須牢牢鎮壓住。

還有就是經濟問題了。在中國，「統計」這種東西其實是不存在的，那只是「自家做的統計」、「手工統計」。但或許人們開始發現經濟方面已產生了嚴重的泡沫，那些數據其實是虛構的。

然而，如果這些內幕被所有人知道，那麼習近平的連任難度將大大增加，所以他用了很大力氣去掩飾。此外香港的反政府運動也必須鎮壓，還有台灣也出現獨立的傾向，對他來說這些都是必須加以牽制的。

只是，中國真的能一方面牽制台灣獨立，另一方面又捨棄北韓將其交到西方手裡嗎？這實在是一個很難說的問題。

所以，習近平正狡猾盤算著，他是一個不折不扣的老奸巨猾，城府深不可測。

4 詢問在毫無人權國度裡的「死亡真相」

第五節

畸形國度誕生的歷史背景

5

Chapter5

中華思想主張「以中國的法律裁量全世界」

酒井：之前清水幾太郎先生之靈也曾降臨過這裡，關於中國他認為「必須把實際情況公諸於天下。讓攝影機大量進入中國，讓人們自由發表意見，必須得這麼做才行」[8]所以今天我們想請您講述的是，現在就您看來，中國應該被揭露些什麼？

劉曉波：

過去中國備受外國侵略，部分領土被割讓變成殖民地的歷史長達一百多年，所以才萌生了排外主義。做為一個國家興起獨立運動。這本身並沒什麼可非議的。「絕不可輕信外國」，中國對外國懷有強烈的不信任感，這都是事實。

也就是說，中國不存在國際法，中國的國內法就是國際法，這與以往的中華思想是一致的。對他們來說，中國就是世界的中心，所以把世界中國化就可以了，中國的法律可以裁罰全世界。

在這層意義上，伊斯蘭法也差不多一樣，對伊斯蘭教徒來說，西方的法律制度無所謂，可有可無。

的確，現今地球上的確存在著如此這般的磁場。

8 參照《戰後保守言論界的領袖：清水幾太郎的新靈言》（幸福科學出版發行）。

日本之於中國，是「威脅」，也是「反射的鏡子」

劉曉波：

對於中國來說還有一個問題，那就是日本。日本雖是一個小國，但卻是個強國。對中國來說，這個國家是個「威脅」，同時也是一面反射的鏡子。反射的是中國自己。中國無論如何都想追上日本、超越日本。

鴉片戰爭是從一八四〇年到四二年，鴉片戰爭之後，歐美列強以租借地之名將中國切割地七零八落。而對於日本，幾乎中國整個國家都被佔領。日本擁有著強大的力量，連俄國都打輸日本。所以，日本與中國的那場「日清戰爭」，根本就算不上是一場戰爭。

後來清朝滅亡，戰爭中一敗塗地，王朝自然是要滅亡的。之後的局勢曲折迂迴，發生了各種各樣的事情。

後來中國在日清戰爭中戰敗⋯。如果支那事變之後的「日中戰爭」和「太平洋戰爭」，也就是包括「第二次世界大戰」全將其合為一體論述的話，雖然歷史宣稱中國是戰勝國，但事實並非如此，中國其實是敗給日本軍的。

此外，蔣介石領導的國民黨軍逃到了台灣。也就是說，「中國」的僅存之地只剩下台灣（笑），其他地方已經不再是中國了。

另一方面，毛澤東等人（中國共產黨）則效仿三國時期的劉備，不管三七二十一先向大後方撤離，一直逃到西部地區。日本軍不敢把戰線拉得過長，於是他們就逃到這些山區，過起了遊擊戰的洞穴生活。毛澤東等部分力量就這樣潛伏起來，在日本戰敗後迅速擊敗蔣介石，之後整個中國都變成共產黨的天下。

所以，聯合國常任理事國[9]的席位其實應該歸屬中華民國，也就是台灣，但中國共產黨（中華人民共和國）憑藉幅員遼闊的領土成功躋身其中。

9聯合國常任理事國 1945年，以美國、英國、蘇聯、中華民國等為中心的國家組成了國際聯盟，但戰後中華民國政府敗於與中國共產黨的內戰，撤退至台灣維持政權。1949年，毛澤東宣言成立中華人民共和國。之後，中華人民共和國取代了中華民國，任聯合國常任理事國。

朝鮮戰爭、越南戰爭展現了中國的陸戰實力

劉曉波：

與此同時，反共運動，比如美國的麥卡錫主義[10]雖然如火如荼地展開，但卻引起了中國的警覺，導致戰爭末期創造的世界秩序，在數年的構想之後最終破滅。

韓戰當中，中國陸軍與美韓兩國陸軍發生了激烈的陸地戰，中國展示出相當強悍的戰鬥力。

10 麥卡錫主義 1950年代，1950年代以美國上議院約瑟夫麥卡錫為中心所發起的反共產主義運動。當時被懷疑為共產主義者的政治家、文化人士遭受了攻擊。

如果沒有因此迎來三八線停戰，恐怕也就不會有日後的越戰了吧！

說到越戰，或許有些人並不清楚，它是美國詹森總統時代發動的一場戰爭。這裡面其實隱藏著一個骨牌效應。也就是說，如果放任北越的共產黨勢力，那麼南越也將變成共產主義的天下，接著這些勢力將向各個地方轉移。說起來就像癌細胞一樣。

為防止共產主義的蔓延，美國必須出手援助南越，但是最終取得勝利的是胡志明（北越）。這是因為當時中國南下，為北越提供了大量軍需物資、士兵以及武器。

因此，雖然中國在二戰中是在美國幫助下才獨立的，但數年後卻與美國開戰。

當時麥克阿瑟是韓戰的指揮官，甚至他都以為中國是友軍。他認為「我們幫助過他們，雙方是朋友，中國不會對我們玩真的」。即使得知中國已經出兵，但還是覺得「那也不過是小部隊，主要兵力還是蘇聯人」。

但事實上，中國軍一路南下，南北越的死亡人數都差不多有百萬人，中國軍和北朝鮮軍則是死了一百五十萬到二百萬之間。死傷規模幾乎可匹比第二次大戰的對日戰爭了。

因為這些種種，中國信心大增。即使使用飛機的空戰，和使用戰艦的海戰無法取勝，但中國有自信至少地面戰不會輸給美國。

現今的北韓問題，如果使用導彈的話就能讓戰爭結束，但一旦演變成地面戰，美國就不知要有多少士兵命喪戰場。也正是因為這樣，美國才會處處仰中國的鼻息行事吧！

第六節

從中國人立場所見之驚人的國家內幕和世界觀

6

Chapter6

中國人的思維方式是「能拿多少就拿多少」和「什麼都不要給別人」

劉曉波：剛才您問到什麼來著？我有點糊塗了。

酒井：我剛剛問到的是中國應該被揭露何種實情，進而使其民主化。

劉曉波：

哦，這樣啊！如何讓中國實現民主化⋯嗯⋯⋯

他們沒有意識到自己的擴軍對於各個國家是一種威脅。他們所奉行的是本國中心主義，只要對自己國家有利，怎樣做都無所謂。不管是擴張軍隊、試圖佔領外國的島嶼、在海上建立基地，或者是奪走日本的島嶼，這些對於中國來說，不會產生任何不幸。中國人的想法就是「能拿走的，一概不留」。

中國人的想法當中，不存在著你們所說的「基於國際法進行反省」，或者是「侵略」，這我就直說了吧！

與你們平時受的教育正好相反，中國的思維方式是「能拿多少就拿多少，能要多少就要多少」，還有「什麼都不要給別人」、「以前他們從我們這裡拿走了好多，我們被侵略、被洗劫，現在我們就要儘量地拿回來」。

說到「民主化」，如果民眾都渴望民主化並全力支持，這才算是民主化。可是他們卻鼓動饑餓的民眾去攻擊國外，對吧？或許日本以前也曾做過這種事。

總之，對於中國來說「民主主義」是指什麼，沒人能明白。

人民與「中飽私囊的共產黨員」之間出現的巨大貧富差距

大川直樹：聽了您剛才那番話，我們可以認為中國國民也是抱持這種想法的嗎？

劉曉波：

他們都是被引誘上鉤的。中國現在不是出現了很多有錢人嗎？看到這幅景象，一般民眾就會幻想「說不定我也能變成有錢人」，於是就上鉤了。

實際上確實有很多人去日本購物，買了奢侈品回國。不只是日本，他們也會去澳洲、新加坡、美國、加拿大、歐洲，到處都是中國人。他們就是土豪，一夜暴富的土豪，中國人到處買買買，一直買個不停。

然而從整體來看，有錢人或者說富裕階層，只占二成左右。一部分人確實獲得成功，於是國家就開始針對這部分大肆宣揚。

可是另一方面，政府又強調「政府的方針完全正確，是完美無缺的」，所以拒絕一切反政府的聲音。

「若是按照政府的方針執行就是發展、就是成功」、「國家的成功就是人民的成功」，他們將這二者等同起來。簡言之就是「沒有國家的成功和發展、沒有國家的穩定，就根本不可能有人民的幸福」，這就是標準的國家主義思想，屬於上一個時代的思想。這種想法在現在的中國，體現在部分盡忠於共產黨的黨員，以及共產黨員中以權謀私的人們，可以借公幹之名享受奢華的國外之旅，這是國家的「恩惠」。

大川直樹：這種思考方式似乎與您拚上性命傳播的理念正好相反，這根本不是尊重「人權」或「自由」的做法。我想向您請教，您心中「理想的中國國家願景」，或者說「中國應有之姿」是什麼樣子呢？

劉曉波：

嗯，國家這麼大，還真有點難以描述。

鄉下、山區，現在有些地方還給人一種穴居時代、原始生活的感覺。農村很多地方的情形也相當嚴峻，為了減輕家庭負擔，很多兒童被迫外出打工。雖然不是印度或泰國，但中國也存在著買賣兒童器官的情形。恐怕北京沒有掌握到國家的整體狀況。

北京舉辦了奧運會，接著上海又舉辦了世博會，像北京、上海這種外國注目的大城市，表面上要盡可能地做得現代化一些，但國家整體水準卻遠遠達不到這個程度。

中國害怕多黨制的理由

劉曉波：

你們或許無法明白，但看看日本這樣的國家也是，一天到晚被媒體操控，舉行選舉，或輸或贏、政權更迭，就連美國政權都發生了更替，中國很害怕這種非常不穩定的更迭。在中國，如果出現兩大政黨輪流執政的情況，那麼獲勝一方就可能對落敗一方展開肅清，因為有被殺頭的可能，所以是非常令人害怕的。

所以，雖為一黨專政，但出於自身的安全考慮，共產黨內部採取護送船隊的方式，在黨的內部被殺的風險還沒有那麼大，但一旦變成二大政黨或者多黨制，事情會演變到什麼程度就無人知曉了。

這種想法可不是那麼簡單。這就好比在希特勒的那個年代，讓希特勒的兩三個對手相互競爭一樣。這種做法根本行不通的，不是嗎？（笑）對手的名字一出現，暗殺部隊就會立刻出動。當特別警察聽到「有人想跟希特勒競爭」，「有人想跟希特勒奪權」，就會立即出動，隨時準備暗殺；中國也是一樣。

第七節

下次革命浪潮是什麼？習近平今後將有什麼動作？

7

Chapter7

「富裕階層超過人口半數時，或將爆發革命」

酒井：雖然現今中國是如此樣態，但劉曉波先生對於將來的中國、中國的未來又是如何解讀的呢？

劉曉波：這個或許是屬於社會生態學的範疇了，如果中流以上的中流、上流富裕階層人口超過總人口一半，或許會爆發革命。

酒井：爆發革命？

劉曉波：嗯，從人數上來看，我感覺可能會爆發革命。但現在還沒到那個階段。嗯，畢竟整體上農村占多數，而農村人口還普遍處於貧窮階段。貧窮，也就意味著受教育的機會較少，也難以獲得開展事業的資金。中國只試圖在經濟發展上取得成功，政治上卻沿用老套，但若是經濟的成功超越某一定程度的話，轉換點就會出現，進而就有可能發生革命。

革命的主體為何？

酒井：那麼那場革命的主體，或者說革命的母體會是些什麼人呢？

劉曉波：嗯……這個嘛，說出來的話，他們馬上就犯了顛覆國家罪，所以這實在很難說出口。

酒井：啊，也是。（苦笑）

劉曉波：所以我們必須持續以地下組織的形式活動，等到需要浮上檯面時，就必須具備足夠的戰鬥力，以確保不被殺掉。

酒井：我們可以認為那些與劉曉波先生靈魂相通的人們，或者是做為幫手從天上界降臨世間的人們，他們尚在人世對吧？

劉曉波：我想都還在，人數還頗多的。

酒井：是。

劉曉波：

實際上去美國留學的人們，還有去歐洲留學的人們，這些人都接受了歐美一定程度的洗腦。但是，只要用中華思想反過來再洗一遍，並讓他們跟隨這種新思想的話，這些人就被奉為國家的菁英。

雖然土生土長的共產黨員，從底層一直爬上來的人，才屬於真正的菁英。

但做為第二等菁英，也就是那些在國內也算是聰明，然後去美國留學，進入美國一流大學，或者在研究所取得MBA學位，之後歸國成為共產黨要員的人。他們雖然去了美國，但沒有出賣靈魂。在不出賣靈魂的前提下從國外學習知識和技術，然後將其用於以國家發展和經濟增長為中心的事業上。這些人披著一層偽裝的人，就是屬於第二等菁英。

就像現在的總理（李克強），對吧？他就是這一類的人。這類人是無法百分之百信任的。

想做「皇帝」的習近平

劉曉波：而習近平呢？他是屬於中途覺醒的，真沒想到他的野心會變得這麼大，他確實是突然在中途覺醒的。他原本的目標只是統治中國一個國家，但他的欲望突然大到想要統治亞洲太平洋地區、非洲、西南亞以及歐洲。我想一定是出現了某種靈性指導。

酒井：習近平政權在十九大之後的第二屆執政即將開始。但是看上去，他好像連第三屆都想繼續連任。叫什麼「新的十年」……

劉曉波：所以說，他是想要當「皇帝」啊！看到俄羅斯的普丁，一直坐著總統的位子，他就想自己是不是也能變成那樣。

酒井：被視為最大對頭的川普總統，現今正面對嚴峻的狀態，您認為，美國對中國的影響力應處於何種狀態為宜呢？

劉曉波：

美國也有美國的課題，雖然美國想要讓我們實現民主化，但自己卻落入了「民主主義」的陷阱。媒體掌握了太多的資訊，於是對政府的弱點大肆攻擊。所以美國政府現在正處於四面楚歌的狀態。像現在的「通俄門」事件，媒體一直大加撻伐。所以美國政府必須要小心翼翼才行。

但在中國，那樣的媒體有可能會被視為賣國賊而被判處死刑，所以政權的營運可以維持得非常穩定。從中國來看，川普的處境非常值得同情。

所以，中國人難以明白為何那樣的民主主義是一件好事。或許日本首相也希望能像中國政治家那樣吧？在一個沒有「反對」聲音的世界裡，為所欲為。（笑）

第八節

令人震驚的中國經濟與宗教的真相

8

Chapter8

為什麼說「中國的經濟發展是一場謊言」？

酒井：現在在北韓問題上，中國一直在背後支持北韓。對此該如何解決呢？劉曉波先生熟知中國的內情，請問日本應該要如何應對？

劉曉波：

日本從九十年代開始，經濟就一直停滯不前，而中國卻連翻好幾倍。中國聲稱「中國已是世界第二經濟大國」，「即將超越美國」，但很多國民被此蒙蔽，被欺騙的其他國家也不在少數。

現在終於出現質疑的聲音，「中國第二、日本第三，這應該是騙人的吧！」雖然這些質疑還是少數，但確實有人認為：「其實日本仍然位居第二，中國是第三位的吧？是不是統計上撒了謊？」

其實，中國的國家目標公佈後，各地方為了迎合這個目標，會在數字上動手腳。中央將各地方政府的資料彙整後，經濟成長的數字就按照國家目標的方式呈現。整個過程完全沒有在意外界的觀感。

據說，過去的監獄在欺負牢犯的時候，不是判處他們死刑，而是讓他們挖坑，然後填上、再挖、再填。如此一直反覆下去，大概一個月之後，此人就會發瘋。這與拚命製作虛假的經濟統計，簡直如出一轍。

我沒有力量去收集相關資料，所以並不是很清楚，但或許中國的經濟成長，就是「制定國家計畫，然後在數字上就那般實現」的套路。如果中國像日本政府一樣，在宣佈「以實現百分之二的經濟成長率為目標」之後，若是無法實現而將時程延長的話，瞬間就會陷入政治危機，所以在數字上務必要看起來像是目標順利達成。

所以，那些數字究竟能相信幾分呢？每年百分之七、百分之八的年度成長目標，都連續達標的話，不一會兒，經濟就能連翻好幾回。

這就像是先前所說的監獄牢犯挖坑一樣，「做好、毀掉。做好、毀掉」。「建了一間工廠，這樣就大幅促進經濟成長」、「把工廠拆掉了，拆毀就可創造經濟效果」、「又建了一間工廠，經濟又增長了」、「又拆掉了，經濟又藉此拉動了」、「經濟活動因此活絡了」，或許中國就是一直不斷在重複這些事。

酒井：反過來說，這就是中國的弱點吧！

劉曉波：一言以蔽之，中國就是「獨裁」。獨裁不允許反對言論出現，反對言論一律禁止，監督機關或競爭者，一律不許存在。評論家或者記者這種身份的人，不允許有言論自由。膽敢多嘴，立即槍斃。

在中國，不存在各方權力的相互制衡

酒井：之前清水幾太郎先生也說過，「必須打破中國的悖論。共產主義中是否真的存在資本主義式的發展，這一點必須予以驗證」[11]

劉曉波：

我想前蘇聯也是這樣，重工業產業的話，按照計劃生產，是比較容易能得出統計結果的。但商業基礎的經濟活動，就很難得知實情了。

11 參照《戰後保守言論界的領袖：清水幾太郎的新靈言》

各個商店都有各自的記帳冊，但這些帳冊的真偽是難以分辨的。有人來調查這些帳簿的真實性時，就對此人暗中行賄，只要他肯睜一隻眼閉一隻眼，這不就行了嗎？中國從過去到現在就是這樣。所以，商業的實情很難釐清。貿易方面一樣賄賂橫行，其中到底有幾分真實，確實搞不清楚。

政治上核實這一類統計的人，或者擁有貿易方面許可權的人，也就是地方領導人的政客，他們經常有著收取賄賂、中飽私囊的情況。

這在日本當然是無法想像的，但在中國，一個地方市長級別的人，能貪污放進自己口袋的金額能達四十億日元。在日本這是非常困難，因為稅務局會介入調查。

但在中國，稅務局、市政府、市長的權力相同，他們之間盤根錯節，是一條船上的人。實際上，權力同夥之間不存在相互制衡的力量。

但是當有上級命令時，情況就不同了。譬如接到上級指示「揭露此人的不法活動」時，就可以下手。關於人們不法行為的資訊自然是少不了，但是在他們展現忠誠時，是不會動手的。然而，若是其忠誠度被懷疑時，情形就不一樣了。

好比被懷疑跟像我一樣的叛亂份子見面，或者是提供了資金給這些人的話，警察就會出動將其逮捕，之後判刑入獄。

中國的「地下宗教樣態」

酒井：在中國很多革命皆因宗教而起，進而完成改朝換代，容我請教一下，您是如何看待現今宗教應肩負的責任呢？

劉曉波：

說到這個啊，鴉片戰爭以後的清朝有過這樣一段歷史，歐洲將基督教當作佔領中國的先頭部隊。如果允許「信教的自由」准其傳教的話，信徒數量就會迅速增加，當那股力量轉化成「政治權力」時，國家就會被外國佔領領土、奪取權益。

就經驗來說，宗教會被用於那般目的，所以不可大意。

所以，那些對外明確打出招牌的宗教，都在國家的監視下活動。中國用日本對待奧姆真理教的方式對待所有的宗教。表面上存在的宗教大概有五種，而這些宗教全都處於國家的監控之下。

另外還有一小部分「地下教會」。這些地下宗教，全都在公安部門掌控中，一旦他們興起反亂運動，相關單位就會將其一網打盡。我想，安倍首相急忙地制定「共謀罪」的法案，或許就是和中共學的。

此外，過去還曾有過盛行白蓮教[12]如此邪教的時期。所以說，即使標榜尊王攘夷、標榜愛國的宗教，其實也不是十分可信的。他們欺騙著國民，勢力伸入了國家權力、汲取利益，中國見識了許多這般邪教。

即使是基督教，或許其角色是歐洲帝國主義的前鋒兵。日本的宗教也一樣，說不定什麼時候就變成日本帝國主義的前哨兵了，所以中國一直對宗教抱持著危機感。

12白蓮教　中國的宗教，佛教門派之一，南宋僧侶茅之元創立。從創立初期，皆被國家視為異端邪教。清朝時期白蓮教徒興起叛亂（白蓮教之亂）。

唯有宗教才能與巨大的國家權力相抗衡

劉曉波：然而我認為，如果沒有了宗教，那麼就不存在能與那般巨大的國家權力相抗衡的力量了。

酒井：也就是說，只有宗教才有對抗的力量。

劉曉波：

能夠不惜性命伸張正義的，也就只有宗教了。

回顧過去歷史，確實危險叢生，但藉由加入國外的宗教組織，信徒之間能進行資訊交流，於是大家就會開始知道了現今國家的所犯的錯誤、現今國家隱瞞著什麼惡事等等。

幸福科學的很多書籍已經進到中國，數量並不算少，所以還是有相當的資訊在國內流傳。所以還是可以抱有些許期待的。

酒井：做為防止中國霸權主義的防波堤，比如日本的宗教，應該肩負怎樣的職責呢？

劉曉波：從中國來看，「日本的宗教」和「日本的政治體制」幾乎無法區別。兩者看起來是共同運營的，所以看不出有什麼不同。

第九節

如此信念超越死亡

9

Chapter9

劉曉波的志向與動力來自何處？

磯野：我想從不同的角度向您請教幾個問題。一九八九年天安門事件已經過去將近三十年了。您剛說到國家利用軍隊鎮壓人民的時候，人們被鎮壓得毫無還手之力，只能隨著大環境盲目前行。但是，在過去近三十年中，您自己卻在被剝奪了自由的情況下堅守信念，想透過民主化為人們帶來自由，創造幸福的社會。支撐您這種信念的動力是什麼？是什麼想法讓您燃起這份鬥志的？

劉曉波：

美國留學的經歷對我的影響很大。

過於學習政治思想雖然有些危險，但美國在某種程度上是「自由的國家」，從「平等」的角度講，無論女性還是黑人、國外移民，都被平等賦予了挑戰的權利。如此思想深深地影響了我。

關於「平等」，各國的想法有著不同。現在的習近平也是一樣，他曾經稍微去了一下美國，但主要目的是農業的研修還是什麼的，至於政治思想，我想他應該沒有學習吧？

此外，文化大革命時候稱為的「下放」，也就是「把城市的知識青年送去鄉下，讓他們在農村地區經受貧窮的生活」的做法，說白了就是為了防止他們有什麼怨言，而讓他們經歷一下貧困生活。國家試圖透過貧困使國民得到鍛鍊，而這種下放生活，習近平應該也曾經歷過。

或許他已漸漸明白很多事情，然而一旦坐上權力的位子，目標及目的就是維持這個權力。

現在的情形真的變得很有意思。中國日益強大，歐洲和美國都擔憂不已，日本也已經嚇得呆若木雞。這情形真的很有趣。

諾貝爾獎獲獎儀式上的「我沒有敵人」的真正含義

磯野：我還想問一個問題，二〇一〇年您獲得諾貝爾和平獎。但由於當時身陷獄中，所以沒能出席頒獎儀式。但當時授獎儀式時，您委託別人帶了一句話「我沒有敵人」。

劉曉波：是。

磯野：您當時的寄語是這樣寫的：「我仍然要對這個剝奪我自由的政權說，我堅守著二十年前我在《六二絕食宣言》中所表達的信念——我沒有敵人，也沒有仇恨。所有監控過我，捉捕過我、審訊過我的警察，起訴過我的檢察官，判決過我的法官，都不是我的敵人。」

劉曉波：嗯。

磯野：對於那剝奪了自身自由，給自己的人生帶來不幸的對方或者是國家政權，一般都會心懷憎恨、憤怒，或者萌生復仇的想法。然而，您卻說「我不仇恨他們，我沒有敵人」。我想這一點正表明，您胸懷宗教的境界的寬容和大度。所以我想請教，您是不是相信著某種宗教信條，或者即便不是宗教，您是否抱持著某種精神價值？

劉曉波：

說我是宗教性格也可以，說我是尊崇實用主義那也可以。

美國的馬丁路德金牧師，發起過改善黑人權利和待遇的運動，當時他勸誡人們不要使用暴力。他是一位和平主義論者，他認為如果對白人或白人警察使用暴力，那將激起他們更加激烈的暴力行為，反而會威脅到自身安危，因此勸戒人們要避免使用暴力。

印度的甘地也是一樣。他曾看過英國和南非的狀況，他認為如果使用暴力將英國人擊倒，那麼英國人就會動用軍事力量讓己方遭受更加慘重的損失。他認為，有些事情是無法透過暴力解決的。

我們中國國內的和平運動人士以及民主運動家們也是這麼認

為，如果我們手持機關槍揭竿而起，那麼國家將採取更加激烈的軍事行動對我們展開肅清，這是任誰都知道的情形。

所以我的那番話除了是對我自己的訓誡與勉勵，也是對同志們的一種規勸，希望他們「不要過於心急」。若是使用暴力革命，對於那個做為暴力機構而存在的國家來說，反而會讓自己陣營全部死於非命。

所以我們把重點放在「如何培育民主主義的萌芽」，儘量避免遭受狂風暴雨的襲擊，選擇花時間慢慢培養。

我們的潛在同志是那些「從海外歸來，因為海外的資訊而興起自我變革之人」，和「藉由海外媒體資訊，以及自身多少變得有點餘裕，進而想法有所改變的人們」，這部分非常重要。

在某種意義上，現今中國有點像明治維新時代的日本。人們透過努力通過考試獲得學歷，或者出國留學進而出人頭地，所以若是能避免遭受過於極端的鎮壓，反倒能夠興起溫和的革命。

我想最好把時間拉長至一個世代，大概三十年左右的時間，逐漸累積力量。如果發動急速的革命運動，必將遭受重拳鎮壓，從此一蹶不振，並且不會留下任何痕跡，就此絕跡。

這些方面，中國還是很可怕的。擁有著核子武器，導致其他國家也不敢自由地表達意見。雖然中國想要借助日本的力量，但一年到頭都是上映著抗日運動的電影。電影、電視充斥著抗日運動影片，在這種狀態下，無人敢站出來說「我們希望日本人提供幫助」。

一粒麥子如果不落在地裡死去

酒井：剛才您提到「明治維新」，那麼劉曉波先生您為什麼選擇在這個時代轉生到中國呢？

劉曉波：

我雖然不認為自己一個人即能興起革命，但是我想至少自己能為整個運動增磚添瓦。

若是用基督教的說法來說，或許就是「一粒麥子如果不落在地裡死去……[13]」。藉由犧牲自己的性命，落到大地上，就能結出新的果實。我是抱持著如此想法的。

中國如此遼闊，「一粒麥子」是遠遠不夠的，必須有一百、兩百、更多尊貴的生命拋灑而下才行。天安門事件時，到底有多少人犧牲已無從而知。有人說「死了四、五千人」，也有人說「死了十萬人」，沒人知道究竟死了多少人，相關消息已經徹底消失了，這就是中國。

還有高鐵追撞脫軌事件（2011年），因為中國害怕國外媒體報導，所以車廂從高架橋上脫落後，在裡面還有人、還有傷患的情況下，竟然就地挖坑將那列高鐵整個掩埋，這些作為大多都是出自相同的想法。

13「一粒麥子如果不落在地裡死去」出自《新約聖經》「約翰福音」中耶穌基督的話語。「一粒麥子如果不落在地裡死去，它仍然是一粒；如果死了，就結出很多子粒來。」

第十節

革命英魂永存

10

Chapter10

前世是日本明治維新前夜殞命獄中的志士？

酒井：下面談到是靈性的話題，如果您曾轉生於日本，那應該是明治維新的時期吧？

劉曉波：嗯，我現在才死了沒多久，所以可能說得不太準確。不過我感覺應該也是如此吧！

酒井：如果是明治維新時代，當時發生了著名的「安政大獄[14]」，該事件成為引發明治維新的重要契機之一。您是否跟那次事件有關？是不是其中的相關人員？

劉曉波：嗯……吉田松陰先生，我的確曾聽過他的大名。嗯，還有橫井小楠先生和西鄉隆盛先生，這些名字我也曾聽過。還有桂先生、久阪先生，嗯。

14 安政大獄　1858年～1959年（安政5～6年），江戶幕府的大老井伊直弼所主導的向尊王攘夷派的大鎮壓。吉田松陰、賴三樹三郎、橋本左內等八人遭到了死刑。

磯野：當時您隸屬哪一藩呢？

劉曉波：嗯？（約五秒鐘沉默），我死的時候是個中國人啊，你這樣問，我也⋯⋯。

酒井：收錄這次靈言之前，大川隆法總裁腦海中掠過一個名字，橋本左內先生。

劉曉波：嗯，這個名字的確我有點印象。

酒井：是不是您本人呢？

劉曉波：嗯⋯我死了還沒多久，所以有些東西還不太清楚。這個名

橋本左內（1834～1859）幕府志士、福井籓士。15歲時寫下《啟發錄》。於適塾向緒方洪庵學習荷蘭醫學後，遊學於江戶並學習洋學，期間結識藤田東湖、西鄉隆盛。後成為松平春嶽的輔佐，於將軍繼嗣的問題上，展開了擁立一橋慶喜的運動，並提倡幕政改革及開國。於安政大獄中被問罪斬首。

字，的確，嗯……嗯……。

大川直樹：當時他曾寫過《啟發錄》。

劉曉波：嗯，還曾蹲過大牢。但我感覺很年輕的時候就很活躍，好像還曾說過「捨去稚心」之類的話……。

酒井：啊，那您就是左內先生對吧？

劉曉波：我一件大事也沒成就，不過也就是參與過一陣子藩內的政治運營而已。

酒井：但是，時代確實是從那個時候開始發生劇烈變動的。

劉曉波：不是的，還是從數千人的維新志士的行動開始的。

酒井：可是，「安政大獄」確實是一件非常重要的事件。這次劉曉波先生的命喪獄中，可說是相同的經歷。

劉曉波：

居住在中國的中國人當中，在獄中獲得諾貝爾獎的只有我一人。在獄中獲獎，這件事也讓世界各國記住了我。

所以，中國政府最感到害怕的，即是「不要讓劉曉波白死」，進而到處各種運動興起。不只在中國國內，在海外也出現各種聲援，這是中共最感到害怕的。

如果我活了下來，並且還長壽到當上國家主席的話，那可就不得了了，或許就變成另一個曼德拉了。如果我變成曼德拉的話就糟糕了，所以無論如何都得必須除掉我。所以他們究竟有沒有真正為我治療，我也不太清楚。

與三島由紀夫是否有著靈性關係？

酒井：還有一個問題，那就是我們想知道，您是否與三島由紀夫先生有著什麼靈性關係。

劉曉波：

三島由紀夫……。嗯……（約五秒鐘沉默）

他年紀比我大一點，但都是同一個時代的人，確實大家都是非常「愛國」或關注「國防」的人。

我自己可能跟那些人有著某種關係，但我是生在中國，無法同時做為三島由紀夫生在日本。

當時日本在實質上被美國殖民化，之後又被他們洗腦，日本已無力作為一個獨立國家存在，而三島由紀夫所推動的就是讓日本自立的運動。就這層意義上來說，雖然日本和中國做為主體國家處在相對的立場，但在心境上我和他多少有著相通之處。

或許在前幾世時有過交集，但是我是個連葬禮都沒有舉辦的人，過去的事情，現在我還想不太起來。

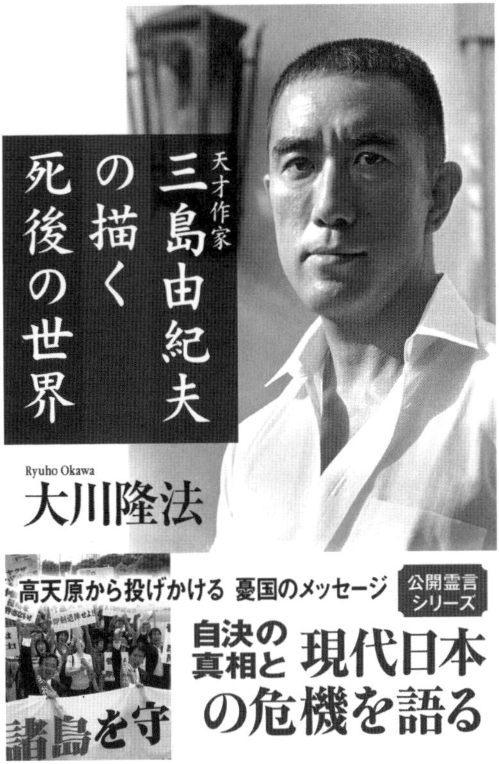

三島由紀夫（1925～1970）日本小説家、劇作家，生於東京，東京大學法學系畢業。代表作為《潮騷》、《金閣寺》、《憂國》、《豐饒之海》等。晚年，建立了民兵組織「楯之會」，推動右翼政治活動。1970年11月25日，於陸上自衛隊市谷駐屯地呼籲自衛隊展開政變未果後，切腹自殺。

第十一節

中國的人權和國民性的真相

Chapter11

11

中國只有著相當於美國百分之一的人權

酒井：作為時代的先驅，劉曉波先生或許能夠成為「革命的旗幟」。您有沒有什麼話，想對往後的中國人民說呢？

劉曉波：

中國政府跟以前的日本軍一樣，發表的內容都是美化後的現實，真正的問題都被掩蓋過去，所以國民長期被洗腦，那些對政府不利的消息也根本無法獲得傳播。

說白了，中國是北韓的母親。北韓是中國生下的一個「鬼子」，所以北韓才會認為「我們仿效中國，有什麼不對？」

現今中國希望能躋身七大工業國，所以像變色龍一樣，努力把光鮮的一面展示出來，當然有些地方還不熟練。中國舉辦過奧運會和世博會，那時外國人大量湧入，中國只忙於讓他們見識自己好的一面。參觀奧運會、世博會的外國人所到之處，他們能看到的地方，都不允許出任何紕漏。為此，他們的所到之處，其周邊都大大修飾了一番，但其他地方，不允許採訪的地方就嚴禁採訪。

而北韓的心態大概也是如此，只允許媒體對平壤附近稍作採訪。然而，其他地方一定有問題，所以如果以錄音或錄影形式採訪國民，外界必會發現許多問題。但很遺憾地，絕大多數北韓都無法判斷自己是否遭受到不公正的對待。

只不過，現今日本的工廠大量進駐中國，即使無法全部傳入日本的思想，但仍有一些經營上或經濟上的發展目標的樣本可供參考。

所以有些東西，中國人是出人意料地清楚。譬如，「日本發展的原動力是什麼」之類的，他們是很清楚的。

反過來說，像中國從俄羅斯（烏克蘭）買入二手航母並完成改造的這種消息，日本只有少部分媒體報導，但日本擁有著護衛艦的航母、航母級護衛艦、能起降直升機的航母等消息，在中國則是被鋪天蓋地的報導，幾乎所有中國人都知道。對比，日本人倒不是那麼清楚。

如此情況紛繁複雜，這種虛虛實實的媒體控管，難以判別其目的。

但是，說到中國最大的問題，那即是不正常的法律制度、不正常的判決，以及非常輕忽人權。人權輕賤，中國人的生命價值大概只有美國人的百分之一，人們感覺到自己的生命只有百分之一受到保護。中國的人口的確很多，「通貨膨脹」之後價值自然就下跌了，但中國必須要改善對於人權價值的尊重程度。

此外，為了給無法忍受貧窮的人分一杯羹，中國現今在國外到處搜刮資源。關於這一點，我認為中國不要只過度強調自己過去受到了多少傷害，對於現在國際輿論是如何看待中國、如何批判中國，必須要多瞭解一些才行。

「強調自身正當性」的中國國民性

劉曉波：

總之，從你們的宗教觀點來看，中國國民正做著剛好相反的行為。很會為自己辯解，同時也非常熱衷於攻擊他人。

所以，如果是像你們宗教一樣「對他人施愛、反省己心」的話，中國人會認為，如果這麼做，就難以自保了。因此，如果被捕的話，就會馬上被當作是犯人，所以大家都養成了先強調「自己是如何正當」的習慣。如果說這個算國民性的話，那就是國民性了。

雖然這種國民性被各國討厭，但在中國國內，連自我辯護都做不到的人，就會被判定為連平均水準都達不到，所以人們就不得不接受這種國民性。

中國不希望日本的文化內容進入國內

劉曉波：

為了要「平衡」這國民性，有時還需要點幽默感。反過來說，就某種意義上來說，日本人有時候面無表情，不曉得在想些什麼。與日本相比，中國人喜歡在理論上進行反駁。

只不過，有一大堆中國人到日本「爆買」，但中國卻不想接受日本的文化內容。買買日本的商品就可以了，中國人在中國被迫買了那麼多假貨，到日本就能買到真貨，然後到中國再賣出去，藉此賺錢，很多中國人都這麼做。

即使這樣，中國多少還是受了點影響，中國人對日本的「厲害之處」有了一定程度的瞭解。然而，傲慢自大的心理仍然相當強烈。

所以說到底，對於日本和中國還是要用同樣的標準衡量。比如，以相同的基準衡量經濟方面，或者軍事上隱藏的部分能在多大程度上予以公開等等。

中國現在對地面戰相當有信心，「不管是對於美國或日本，中國都不會輸」。但中國感覺到海戰或空戰，或許仍舊會輸，所以至今仍不放棄軍國主義。

對中國政府來說，絕不能因為北韓問題讓中國本土陷入危機，但要如何處理這個問題也是兩難。

在中國，類似「加計學園」的問題根本不值得一提

劉曉波：

只是，我所推動的民主化運動內容之一，就是呼籲政府要尊重人權，也就是所謂的「程序正義」。

在接受審判的時候，必須要遵守法律程序。在刑法上，無罪推定是基本原則，必須要保護人權。對於恣意制定的法律，需要加以檢視。必須要導入國外的檢查機制。如果國民不明白這一點，就要讓媒體能自由發表言論，告訴人們應該如何看待。

在日本，週刊雜誌對政府或在野黨的缺點，會提出各種批判，

甚至能夠將他們拉下馬。就某種意義上來看，那是件很可憐的事，但從另一方面也說，媒體也一直盯著權力者是否腐敗行為。這雖然侵犯了一部分人的人權，但從大方面來說，那在保護庶民的人權上，起到了一定作用。

現在日本爆出了安倍政權為朋友牟利的新聞（加計學園事件），放在中國簡直就是小菜一碟（笑）。

那在中國根本不算什麼問題。如果數字到達幾百億、幾千億的話，尚可以算得上是問題。但都登上國家領導人地位的人，收受一兩百萬政治獻金，或者得到某些政治支持，這些很快就被藏得乾乾淨淨，幾乎都是「秒殺」。這類問題是不會讓它曝光的。

所以，現在需要做的就是盡可能地多方面議論「法律問題」，讓中國得以被視為一個法治國家，以及議論要如何才能夠保障人權。關於經濟方面，需要貫徹公平、平等的原則，並且探討要如何揭發那些玩弄手段、中飽私囊的行為。

關於習近平，我想他也存在著斂財以及透過親戚將資產轉移到國外的行為，關於這些，也希望之後能查個水落石出。

在目前這種情況下，國民無法實現平等的富裕。因為共產黨尸位素餐，不是從國外剝削，要不就是在國內找代罪羔羊說他們「為非作歹」，以儆效尤，並用其來平息國民的不滿。中國至今仍沿用這種古老的手段。

能否阻止覬覦歐洲、非洲與油田地帶的習氏霸權主義？

劉曉波：

啊，這個國家，沒有那麼容易改變。

習近平想要做皇帝，其「野心」已經超越了至今所有的國家主席。他現在想要超越毛澤東，想支配的範圍甚至已經延伸至歐洲，甚至還想把非洲變成殖民地。此外，他還想把所有油田地帶都納入控制之下。

美國在歐巴馬政權時代大幅退步，真不曉得美國能否阻止習近平的野心。但在阻止之後，未來能否轉好也是個未知數。

「統一中國」一直以來都是中國的悲願，但統一之下一定會出現迫害，回顧中國歷史，都是內戰風暴。所以，國民當中也有很多人希望「不如讓劉曉波蹲大獄，讓他死在獄中，這樣總比中國再一次陷入內戰、烽火再起好得多。」

第十二節

寄語中國的革命家們

12

Chapter12

當今中國政權最大的敵人是「宗教」——將思想和理念傳播出去！

劉曉波：

中國欠缺著某種思想，或者是說某種理念。

雖不知能否依靠你們的思想予以拯救，但是希望你們能將「為什麼人是尊貴的」合理地向中國人說明。

並且希望你們能清楚地告訴他們「如何實現富裕」，以及「實現富裕未必一定要追隨歐美，東方的做法同樣可行」。

如果你們能妥善地教導他們這些，我想你們的思想即能大大地造福中國人們，讓他們實現繁榮昌盛。

現今中國政權的最大敵人即是「宗教」。

中國國內有一個氣功團體，因為宣稱擁有九千萬成員就遭到鎮壓。但實際上，那種沒什麼思想性的團體是很難去顛覆國家的。

因此，把大本營設在國外，以全球性的勢力加以包圍是在所必要的。

現今勢力最為強大的是基督教的地下教會，據說中國的基督教徒已經超過一億人，所以我認為，基督教爆發革命的可能性極高。

我認為你們也有著可能性。

現今台灣、香港以及其他地方，正流行著你們的思想，並且中國人對於日本當前的流行趨勢也非常敏感，也有很多中國人知道大川隆法這個人。

所以，以後的中國要靠的不是赴死的革命志士，而是更加國際化的力量，不是「全世界的無產階級，聯合起來！」，取而代之的是「全世界的幸福科學信徒，聯合起來！」

我感覺你們的存在像是某種媒介，或者說是緩衝裝置、東西方之間的橋樑，甚至是與伊斯蘭教之間的橋樑。

我不知道之後還會犧牲多少民主運動人士，但希望你們能想方設法摧毀那獨裁體制，並且告訴民眾「什麼才是真正的力量」。

提供為了興起革命的「思想、活動基礎」

劉曉波：

我姓「劉」，在這個教團中我也聽過「劉備」的名字。如果「三國志」的英雄已轉生於日本，應該要借助他們的力量進行傳道。「『三國志』的英雄已轉生於日本，他們正在傳播如此理念」，若能將如此訊息散播出去，或許會引發流行。

對你們來說，那可能只是以前的戲曲，但若能創作出現代版的《三國演義》輸出至中國，以中國的盟友之姿出現，或許還能改變中國人的思維。

「劉曉波的靈言」或許不具備什麼重大價值，但你們應該收錄過去中國古代偉人的靈言，並將其翻譯成中文。這樣一來就可以大聲地對外說「他們認為，現在的中國很不正常」。中國既是佛教國家，也是儒教國家，同時還是個道教國家，各種思想並存。

我聽說莊子等人現在正在幸福科學當中，而且幸福科學也開示了老莊思想和孔子的教義，如果你們能巧妙地活用中國思想，或許就能開啟另一條道路。[15]

由於現今局勢牽涉到核武和北韓問題，所以中日兩國在政治上處於對立的局面，中國當局也處於警戒狀態，所以比較難有大規模

15 請參照《孔子的幸福論與老莊的本心》（中文版），大川隆法著，台北：九韵文化，2012年12月。《子語「怪力亂神」》、《莊子的人生論》、《老子的幸福論》，大川隆法著，東京：幸福科學出版發行，2014年12月。

的突破。然而，提供讓民眾思索嶄新革命的「思想基礎」、思想材料」是很重要的。

更加巧妙地創造思想基礎，基本的思想結構，使民眾能夠燃起發動新革命的念頭，這才是當務之急。

你們應該從中國南方尋找突破口。台灣、香港周邊無論如何都要死守住，之後繼續向中國南方擴散，然後再往城市進攻。如此方式很重要。

此外，最好你們還能在中國設立一些相關產業的工廠，以產業工廠的方式「輸出」，之後再將工廠變成傳道的場所，如此方法應該是有可行性的。

把優衣庫（Uniqlo）全部變成傳教之地不是很好嗎？讓他們全都皈依幸福科學，中國的信徒必將猛增。除此之外，還有很多其他企業。

你們應該在這方面更加努力。

「嶄新的革命」──擴展「多元」和「寬容」的價值觀

酒井：謝謝您，我們一定會讓劉曉波先生的這番話語傳遍全中國、全日本。

劉曉波：

現今需要一場「嶄新的革命」。

雖然革命、反革命會被問罪，但現今中國不可以只容許一種想法，必須要告訴人們「應該要從他處學習」、「日本現在有很多重要的思想問世」。

有些思想並非都是與歐美對抗的思想，對此加以學習是很重要的。

幸福科學最大的特徵就是「多元」和「寬容」。講述具備這「多樣」和「寬容」的教義，其實是與民主主義是有所關聯的。

只講單一思想是不會有民主主義的，單一思想只會出現極權主義。所以「寬容」、「仁愛之心」、「愛護多元之心」。這種「愛護多元之心」，正是允許諸子百家思想並存之心。

「真正的神所期望的，是諸子百家的各種思想百花齊放，從而促使國家走向富強」，我覺得正面宣揚這種思想沒什麼不可以，長時間處於秦始皇那種統治就太糟糕了。

「『日美』與『中國、北韓』之戰」，這十年是關鍵期

劉曉波：

這十年是關鍵期，是各方勢力相互角逐的十年。「日美關係」與「中國的霸權主義、北韓」，這十年是對戰關鍵，最終誰被踢出局，就看這十年了。

今後是你們的時代，就看你們在自己的時代裡，在這十年裡如何奮鬥了。

劉曉波不過是漫長征途中的一個里程碑，接下來就必須要增加以幸福科學的教義為中心思想而展開活動的人們。

首先要做的是奪回「言論、出版自由」、「表達的自由」等等。當然，同時爭取「信教的自由」、「思想、信條的自由」和「政治信條的自由」也很重要。

中國憲法雖然有「信教的自由」，但這一條完全沒有得到遵守。允許「信教的自由」，這幾乎就像是在說允許民眾「有信仰奧姆真理教[16]的自由」一樣。

做為同時代出生的人，我對幸福科學這個宗教是很感興趣的。希望你們能夠成為點燃中國新革命的導火線。

16 奧姆真理教　教主為麻原彰晃，是過去日本一個佛教的宗教團體，曾於1995年在東京地鐵中使用沙林毒氣，造成多人死傷。

沒什麼需要害怕，希望你們能讓過去在中國叱吒風雲的神明們復活過來。

酒井：好的，今天非常感謝您。

第十三節

創造一個多樣性的國家和民族共存的全新社會

13

Chapter 13

大川隆法：

（拍兩次手）感覺到他還沒有完全意識到自己曾是橋本左內，但他畢竟剛剛過世沒多久。

他獲得過諾貝爾和平獎，受到全世界的關注，藉由出版與他相關的書籍，或者在中國國內讓人們聽到這個靈言，或許就會變成

「某種核心的力量」。對此，我們將不惜一切予以協助。

我們完全沒有想要殲滅中國的念頭，我們希望的是創造一個能與這個多樣性的國家、民族共存的社會。

某一國單方強化核武或彈道導彈，既然沒什麼方法能加以阻止的話，此時就必須出現一股抑制力，但我絕不是在說順我者昌、逆我者亡。

關於幸福科學，我們的想法既不是西式，也不是古老的東洋形式或東洋的專制國家形式，而是做為一種全新的思維方式，但願我們能將如此思維傳達給中國人民。

謝謝各位。

酒井：謝謝您。

中國民主化運動的旗手：劉曉波の靈言
——為了自由而革命，革命之火永不熄滅

後記

如果你看到在東京的銀座澀谷、新宿爆買的中國遊客，就以為中國也進入了自由主義的陣營，那就大錯特錯了。去年我去紐約，登上帝國大廈的觀景台時，發現只有我一個日本遊客，周圍全是中國遊客。我想這和某種國家政策的推行不無關係。

幾天之前過世的中國民主主義旗手劉曉波先生，他的骨灰被中國政府撒進了大海，就連他曾存在於世的證據也被抹消了。這個無法理解「革命的目的是創建自由」的國家，現在還將宗教視為鴉片，認為極權主義才是人民的幸福。

就某種意義上來說，惡魔正掌控著世界五分之一的人口。「無愛之人，不知神」。若是全世界相信著神的人們，有著關愛中國民眾之心，希望你們能以各種手段廣佈這「劉曉波復活的福音」。這才是真正的拯救。

幸福科學集團創始者兼總裁　大川隆法

二〇一七年七月二十三日

大川隆法

國家圖書館出版品預行編目（CIP）資料

中國民主化運動的旗手：劉曉波の靈言 / 大川隆法著；幸福科學經典翻譯小組譯. -- 初版. -- 臺北市：信實文化行銷, 2017.09

面； 公分

ISBN 978-986-94750-9-9(平裝)

1.中國大陸研究 2.言論集

574.107 106015327

What's Being

中國民主化運動的旗手：劉曉波の靈言

作　　者：大川隆法
譯　　者：幸福科學經典翻譯小組
特約編輯：王為之

發 行 所：信實文化行銷有限公司
印　　刷：上海印刷股份有限公司
總 經 銷：聯合發行股份有限公司
香港經銷商：聯合出版有限公司

2017年9月初版
定價：新台幣 320 元

若想進一步了解本書作者大川隆法其他著作、法話等，請與「幸福科學」聯絡。
地址：台北市松山區敦化北路155巷89號
電話：02-2719-9377　電郵：taiwan@happy-science.org
FB：https://www.facebook.com/happysciencetaipei/